LES COMMENCEMENTS
DE
L'IMPRIMERIE
A
BOURG-EN-BRESSE

PAR

A. VAYSSIÈRE

ARCHIVISTE DE L'AIN, CORRESPONDANT DU MINISTÈRE DE L'INSTRUCTION
PUBLIQUE POUR LES TRAVAUX HISTORIQUES

BOURG-EN-BRESSE
L. GRANDIN, LIBRAIRE-ÉDITEUR

M DCCC LXXVII

Tiré à vingt-cinq exemplaires numérotés

N°

LES COMMENCEMENTS

DE

L'IMPRIMERIE

A

BOURG-EN-BRESSE

PAR

A. VAYSSIÈRE

ARCHIVISTE DE L'AIN, CORRESPONDANT DU MINISTÈRE DE L'INSTRUCTION
PUBLIQUE POUR LES TRAVAUX HISTORIQUES

BOURG-EN-BRESSE
L. GRANDIN, LIBRAIRE-ÉDITEUR
—
M DCCC LXXVII

Bourg
2 — Rue de l'Etoile — 2
Imprimerie Pierre Barbier

LES
COMMENCEMENTS DE L'IMPRIMERIE
A BOURG-EN-BRESSE

L'invention de l'imprimerie est, par ses résultats, un fait si considérable dans l'histoire, qu'il n'est pas sans intérêt de rechercher à quelle époque on a commencé à imprimer dans telle ou telle ville.

Jusqu'ici on ne savait rien de précis sur ce point en ce qui concerne la ville de Bourg. Le premier imprimeur connu pour y avoir exercé l'art de la typographie était Jean Tainturier, dont les presses fonctionnaient en 1626. Voici d'ailleurs comment M. Sirand, dans un ouvrage spécial intitulé : *Bibliographie de l'Ain*, résume ce qu'il sait des commencements de l'imprimerie à Bourg : « Il est difficile, dit-il, de pressentir quand et comment le premier typographe a paru à Bourg-en-Bresse... Le livre le plus ancien sorti de nos presses est de 1626. » (1)

De prime abord, cette date nous avait paru bien récente. Il nous semblait difficile que Bourg, qui était la capitale

---

(1) Ouv. cité p. 44. Il nous semble que M. Sirand a glissé bien rapidement sur une question dont l'importance était considérable pour le sujet qu'il avait abordé.

d'une province, et qui, au milieu du xviᵉ siècle, possédait des littérateurs d'un certain mérite et d'un certain renom, n'eût pas eu, dès cette époque, des imprimeurs (1).

Le hasard vient de nous faire découvrir dans les archives de l'Ain une pièce imprimée qui justifie pleinement nos conjectures (2). Cette pièce est sortie des presses de Jacques Bulinges, imprimeur établi à Bourg : elle est datée du mois de septembre 1571.

Maintenant, ce Jacques Bulinges est-il le premier imprimeur qui se soit établi dans la vieille capitale de la Bresse? La chose nous semble probable et voici sur quoi nous fondons cette opinion :

M. de Lateyssonnière nous apprend qu'un libraire, nommé Claude Garnier, tenait boutique à Bourg en 1550. « Je ne crois pas, dit-il après avoir mentionné ce fait, qu'un imprimeur fût encore venu s'établir dans la ville. » (3)

C'est dix ans plus tard, en 1570, qu'il est pour la première fois question d'un établissement semblable dans les registres municipaux de Bourg.

Le 2 novembre de cette année, Jean d'Ougerolles, ou d'Ogerolles, imprimeur à Lyon, présenta une requête au Conseil, « tendant aux fins d'estre immune et exempt de

---

(1) Ce retard nous étonnait d'autant plus que l'imprimerie avait été introduite dans les pays voisins dès le xvᵉ siècle. On commença à imprimer à Lyon en 1473, selon quelques-uns, mais vraisemblablement en 1476, année où Louis xi, qui était favorable à l'invention nouvelle, fit un long séjour dans cette ville ; en Savoie en 1478, au dire de Saint-Genis, et en Franche-Comté (Salins) en 1485.

(2) Elle faisait partie d'une collection de titres légués au département par M. Laurent, auteur d'un *Essai historique sur Miribel*.

(3) *Recherches historiques sur le département de l'Ain*, t. v, p. 294.

toutes charges, impost et services à supporter en la présente ville, pour y vouloir venir *ériger* et exercer l'art de l'imprimerie. » Le Conseil lui fit répondre qu'il acceptait ses offres, mais qu'il ne pouvait lui accorder l'exemption demandée que pour une durée de dix années seulement, « suyvant les privilleges, à charge qu'il vivrait et ses serviteurs catholiquement. » (1)

Ce Jean d'Ogerolles avait imprimé, en 1559, les *Marquetis de pièces diverses* d'Antoine du Saix. Il était habile dans son art, si l'on en juge par ce petit volume sorti de ses presses. Nous devons donc regretter que le Conseil de Bourg n'ait pas cru devoir l'encourager plus vivement et que ce manque d'encouragements l'ait empêché de mettre son projet à exécution.

Nous avons souligné, dans le résumé officiel de sa requête qui a été inséré dans le registre des délibérations du Conseil, le mot *ériger*. En prenant à la lettre la phrase qui le renferme, on peut y voir la preuve que l'art de la typographie n'avait encore été exercé par personne dans la ville de Bourg. Cette remarque nous semble importante.

En effet, si l'on accepte le sens que nous indiquons, Jacques Bulinges serait le premier imprimeur établi à Bourg et il n'aurait commencé à imprimer qu'en 1571, et non en 1568, ainsi que pourrait le faire croire la découverte suivante.

En procédant au classement de son dépôt, M. Brossard,

---

(1) Jules Baux. *Mémoires historiques de la ville de Bourg*, t. II, p. 63.

archiviste de la ville de Bourg, trouva dans la couverture du registre BB 48 « un feuillet imprimé qui est le titre intact d'un *Ordo divini officii secundum usum romanum,* pour l'année 1568. » (1)

La mention suivante, qu'on lit en bas de ce titre : *Burgi, apud Jacobum Bulinges,* montrerait que ledit Bulinges exerçait à Bourg, dès cette époque, l'état de libraire, mais ne prouverait pas qu'il fût déjà imprimeur. Il importe d'ailleurs assez peu qu'on ait commencé à imprimer à Bourg deux ans plus tôt ou deux ans plus tard.

Maintenant un mot sur les Bulinges. Nous ne savons pas si la famille de ce nom était établie depuis longtemps dans la ville. M. Brossard nous apprend qu'elle habitait le quartier de Bourgmayer. Charles, le frère de Jacques, apparemment, était marchand drapier. Il prit part pendant douze ans (1558-1570) aux affaires de la commune, soit comme membre du conseil des douze ou du conseil des vingt-quatre, soit comme auditeur des comptes. Un autre Bulinges était dans le même temps attaché à l'église Notre-Dame, en qualité de vicaire, un quatrième exerçait à Bourg l'office de greffier.

Si l'on en juge par la pièce que nous avons découverte, Jacques Bulinges était un imprimeur fort inexpérimenté. Il a toute la maladresse d'un débutant ; cette pièce, qui

---

(1) M. Brossard a décrit ce feuillet dans le *Courrier de l'Ain* du 21 avril 1870. « Ce papier est orné, dit-il, d'un bois fort naïf de facture et très-bien conservé, qui représente la Vierge sur un croissant, entourée de gloires et de flammes, portant dans ses bras Jésus. L'Enfant tient dans la main gauche une fleur de lys. »

est un simple placard, est remplie de fautes de typographie ; les caractères employés, ayant été mal assemblés, ont donné une empreinte pâteuse ; ici la pression a été trop forte, là elle est insuffisante. En un mot, cet unique spécimen de la typographie de Bourg en 1571, ressemble à une mauvaise épreuve tirée à la brosse. Nous avons cru devoir le reproduire ici aussi exactement que possible, d'autant plus qu'il nous offre le texte d'un édit d'Emmanuel-Philibert fort intéressant pour l'histoire de la province.

Ce prince, qui était, comme chacun sait, un homme fort habile, avait jugé à propos de ne pas persécuter les protestants. Ne pouvant pas leur fermer complétement l'entrée de ses états, il voulut du moins se préserver des troubles sanglants qui désolaient la rive droite de la Saône. Dans ce but il avait concentré à Bourg et dans la Bresse une grande quantité de troupes qu'il entretenait à l'aide de subsides votés par le clergé pour une œuvre aussi sainte (1). L'édit en question a pour objet de mettre fin « aux grandes extorcions et violances » de ces gens de guerre, qui « sont allez par les villages, y prenans vivres et autres denrées ou meubles sans payer (2), menaçantz, parfois frappant les pauvres habitans d'iceux et commettant autres telz excès » (3).

---

(1) Voir dans les *Annales de la Société d'Emulation* (année 1876), nos extraits des papiers du clergé de Bresse et de Bugey.

(2) Si l'on en juge par les registres de l'état civil de Bourg, beaucoup de ces soldats étaient mariés. Ils trouvaient là un moyen peu dispendieux de monter leur ménage.

(3) Ce document a été imprimé dans le recueil des *Edits de sérénissime prince Emmanuel-Philibert*, livre II, p. 94.

EEDICT DE LALTESSE
DE MONSEIGNEVR CONCERNANT LES GENS DE GVERRE ET MONITIONS DE C'A LES MONTS.

MANUEL PHILIBERT, Par la grace de dieu, Duc de Sauoye, Chablays, Aofte, & Geneuoys, Prince & vicaire perpetuel du fainct empire Romain, Marquis en Italie, Prince de Piemont, Conte de Geneue, Bauge, Romot, Nyce & Aft, Baron de Vaux, Gex & Faucigny, Seigneur de Breffe, Vercell, & du Marquifat de Ceue &c. A tous qui fes prefentes verront falut. Scauoir faifons que le plufgrand & principal defir que nous ayons toufiours heu, dez la reftitution à nous faicte, de noz eftatz, a efte & eft de conferuer noz vaffaux & autres bons fubietz & habitans en toute feurte, repoz & tranquilite, les preseruer de toutes iniures & oppreffion, y ayant à ces fins pourueu, non feulement dun Senat & autres Magiftratz & officiers neceffaires pour l'adminiftration de iustice. Ains aufsi de plufieurs gens de guerre, tant à pied comme à cheual, en tel nombre que nous auons eftime conuenir pour la tuition de nofditz fubietz. Ores que non fans grande defpence: laquelle nous auons volontairement fupportee pour ne defaillir à aucun office de la paternelle affection que nous auons à noftre peuple, eftimat que par ce moyen il seroit conftitué en toute affeurance & tranquilite. Mais dez quelque temps nous fommes (a noftre trefgrant regret) efté aduerti qu'aucuns defditz gens de guerre, tant de pied que de cheual, ou autres foubz leurs noms & pretexte de leur entretenement, font & continnent a faire plufieurs grandes extorcions & violences & donnent furcharge à noftredit peuple, notamment qu'aucuns fe difans fold'ats de la garnifon & prefide

de noz citadelles & fortz, font allez par les vilages y prenans viures & autres danreés ou meubles fans payer menaçant&par fois frappant les pouures habitans diceux & commectant autres tels exces, foubz efpoir (comme il eft vray femblable) qu'iceux habitans n'oferoyent s en pleindre par craincte de pys auoir, ou bien nepourroyent congnoyftre lefdictz malfaicteurs : n'y les bien faire conuaincre en s'en pleignant encores ne feroyent ouys par les Iuges ordinaires, en cas que lefdictz fo difant foldats demandaffent leur ranuoy par deuat leurs capitaines, Et d'ailleurs fommes aduerty aufsi que foubz l'ombre des monitions que l'on dict eftre neceffaires a l'entretenemét de noz cheuaux legiers, font faictes plufieurs impofitions fur tous noz fubietz, de tout le gouuernement ou ils font, auec vue charge intollerable, d'affembler, puis faire conduire lefdictes monitions: ou bien recourir à autres remedes non moins pernicieux, & fouftenir grandz fraiz & defpens Pour à quoy obuier Nous de noftre propre mouuement & meu, par le feul zelle de foulager noftredit peuple. Auo ns faict les declarations reiglement & ordonnance fuiuants que voulons eftre muiolablement obferués.

En premier lieu, deffendons aux Couuerneurs & Capitaines de noz cytadelles, chafteaux, & autres fortereffes des garnifons eftans en icelles, au autres endroiz de noz pays fufditz, qu'ils nayent à laiffer vacabonder les foldats eftans foubz leur charge, ne fortir dés lieux dans lesquelz ils font en garnifon, finon en cas d'infirmité& autres legitimes portés par les ferements par eux fur ce faitz, & et apres qu'il leur aura appareu de la neceffité defdites abfences: non autrement, declairant lefditz foldatz que fe trouueront hors de leursdites garnifons pour quelque caufe que ce foit, feront tenuz pour perfonnes priueés. Et dez delitz qu'ilz commectront pendant ledict temps quelz qu'ils foyent la cognoiffance n'en apperiiendra à leurfditz capitaines, ains foulement à noftre

Senat: Iuges Males (1) & autres ordinaires, riere les refforts desquelz feront commis telz delitz & exces:ou bien à nostre auditeur general de camp,ou à ses lieutenans:selon la qualite desditz exces, chascun ainsi que s'estend leur iurisdiction conforme à la disposition du droict.Commandant,& enioignant à vng chascun d'eux respectiuement:ainsi que le concernera, que venant à leur notice: aucuns desditz exces:ilz soubz le pretexte d'attëdre accusation de partie ciuille,ny autre denunciation:ilz ne different pourtant de proceder promptement a sommaire information du faict:& par mesme moyen à l'instruction & decision des proces,se saysissant premierement des coulpables,aux fins dequoy,nous mandons aussi, à tous Capitaines de Iustice & leurs lieutenans preuost & archiers. de executer les captures ordoneés desditz Iuges & à tous nozsubietz, de leur prester main forte,assemblant pour ce effect si besoing est,& lesditz Iuges estiment le debuoir ordonner les communes à son de cloche toccassin,ou autrement:en sorte que lesditz delinquans ne puissent eschapper des mains de la iustice. & que la force en demeure à nosditz officiers.Et d'autant que bien souuent telz vacabons se disant soldats vont aux villages, maisons ou granges esloignees des habitations ordinaires des Iuges & appres y auoir executé leur larcin&autres violences se retirent tant soudain qu'ilz ne donnent loysir d'estre recogneuz,non que d'estre informé:puis procede contre eux,que par ce moyen demeurent impunis. Nous voulons & ordonnons qu'en ce cas se allant aucuns de nosditz subietz offencé:ou endommagé,plaindre vers le plus prochain Chastellain ducal ledict Chastellain puisse proceder à la saysie & capture de telz delinquans,promptemet & sans attendre autre formalité de proces,& pour ce faict puissent assembler les communes comme dessus,& par les moyens susdit

---

(1) Pour *Juges Majes.*

fans toutesfois proceder pluauant, que à la capture d'iceux delinquants, pour puis les remettre aux Iuges fufdiiz, aufquelz la cognoiffance en apperttiendra. Et aufquels mandons de proceder à la punition, tant exemplaire, que tous autres fe gar dent d'encheoir en femblable crime. Deffendant trefexpres à tous de quelque qualitéqu'ilz foyent: de ne receller, n'y retirer telz vacabons, n'y leur ayder à fe fauuer fur peyne d'eftre punis comme eux mefmes le feroyent eftans prins. Et entant que concerne lefdites monitiôs faictes foubz pretexte de la forniture requife aux fufditz cheuaux legiers de noz ordonnances, ou autres couleurs quelconques Nous auons deffendu a tous noz miniftres & officiers quelz qu'ils foyent fur peyne de noftre indignation: de ne faire affembler foubz tel n'y autre pretexte d'aucunes monitions de viures, foit pour gens ou cheuaux, contre le gré de ceux à qui ilz appartiendront, ne de y mettre aucun taux: fors celuy dés marchés ordinaires& autremôt accouftumé aux prouinces, la ou l'on en vaudroit affembler, dechargeant& exhimant tous noz fubiectz de lobeiyffance que l'on porroit pretendre: qu'ils fuffent tenuz de rendre à telz mandements, finon qu'ils foyent fignés de noftre main. Si donnons en mandement à nos trefchers bien amés & feaux Confeilliers, les gens tenans noftre Senat en noftre pays deça les monts, ou chambre criminelle pendant vacations, gouuerneurs & noz lieutenans en icelluy auditeur general de noftre Camp, Iuges maies & Chaftellains defditz pays, leurs lieutenans & autres noz officiers, Iufticiers & miniftres chacun en droict foy: comme il luy appertiendra, que noz prefentz vouloir intention & tout le contenu en ces prefentes, ils enfuyuent, gardent, entretiennent & obferuent, facent garder entretenir & eftroiclement obferuer: procedant & fayfant proceder: contre les delinquans & contreuenants par les pennes & comme fus eft dit : enioignant & commandant trefexpreffement à noftre procureur general de noftredict Senat &

fifcaulx defditz pays, d'y auoir loeil & tenir main fur le deu de leurs charges & c'eft à penne de s'en prendre à eux, car tel eft noftre vouloir. Et à ce que perfonne n'en puiffe pretendre ignorance, voulons que ces prefentes foyent publieés, par tous les Bailages de nofditz pays deça les monts puis par les autres mandemens, & Chaftellames iour de marche, & femblablement annonce aux profnes des eglifes parrochialles: à iour de dimanche & copie d'icelles attacheó, en chafcun defditz lieux refpectiuement, & autres que befoing fera, En tefmoing dequoy auons fignceś les prefentes, Et en icelles faict appofes noftre feel, Donneés à Bourg en Breffe le vintgfixieme feptembre. M. V. L X X L.

E. PHILIBERT. V. Demonfort V. Lyobard. Fabri.

Leuès & publicés par les carrefortz, de la ville de Bourg, du commaudement de fon Alteffe, à voyx de crys le fon de trompe precedeut. Le vintgfeptiefme feptembre Mil cinq cens feptante vug. Arodi.

Imprimé à Bourg par Iaques Buhnges, auec permifsion de fadite Alteffe.

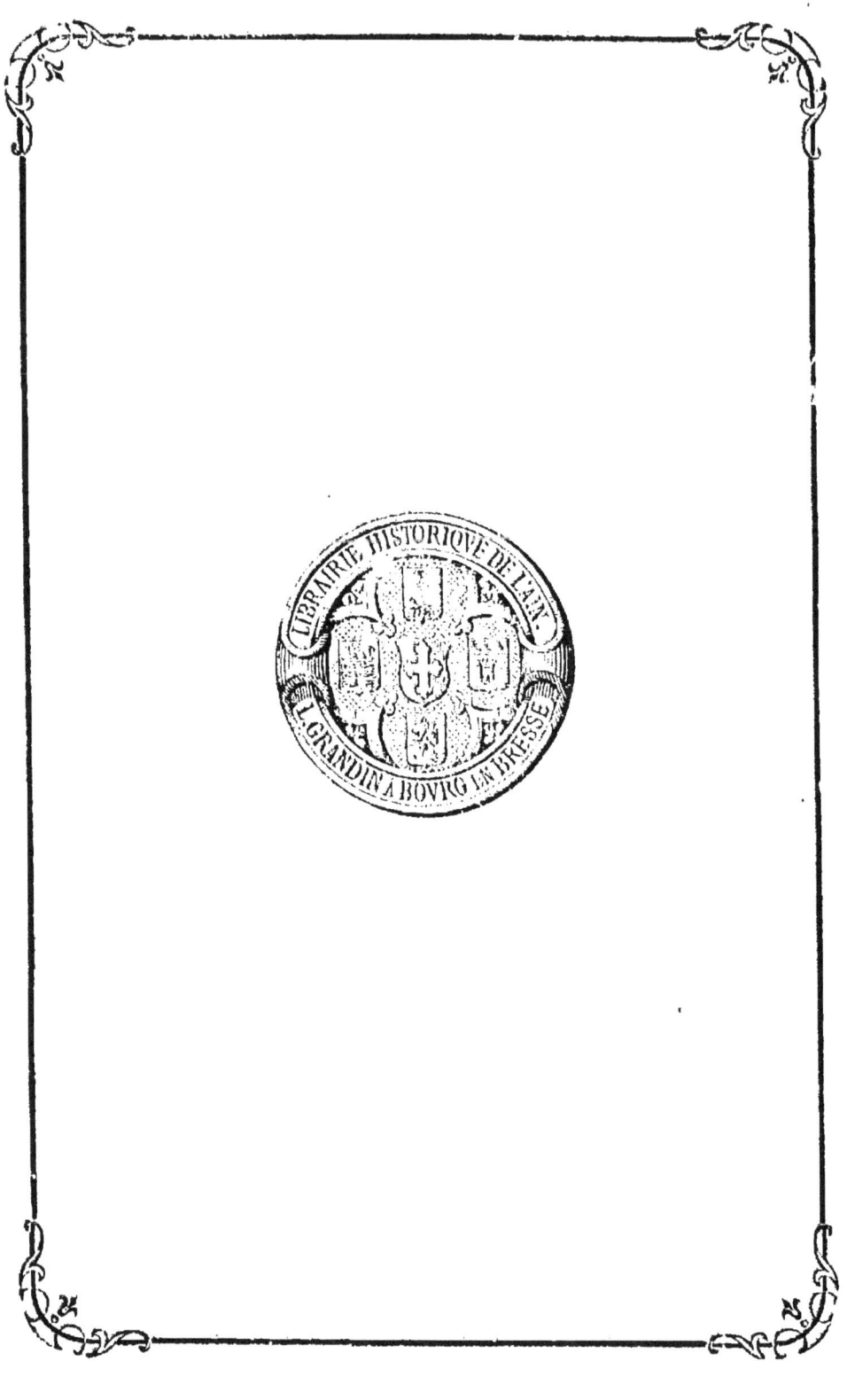

www.ingramcontent.com/pod-product-compliance
Lightning Source LLC
Chambersburg PA
CBHW071429060426
42450CB00009BA/2096